el olfato

Barron's Educational Series, Inc. tiene los derechos
exclusivos para distribuir esta edición en los Estados
Unidos, Canadá, México, Puerto Rico, América
Central y Sur, Australia y Gran Bretaña.

Barron's Educational Series, Inc.
250 Wireless Boulevard
Hauppauge, New York 11788

Publicado en acuerdo con Parramón, Barcelona,
España

© Parramón Ediciones, S.A.
Gran Via de les Corts Catalanes, 322-324
08004 Barcelona

Número Internacional del libro 0-8120-3607-7

Printed in Spain

19 18 17 16 15 14 13 12 11 10

María Rius

J.M. Parramón. J.J. Puig

el olfato

BARRON'S

Huelo... huelo a flores...

...y a pasteles ¡recién hechos!

Huelo a ganado en el establo...

a colonia perfumada...

a mar... y a sal.

Huelo el suave perfume de la lavanda,

¡huelo a quemado!

Huelo a pescado fresco...

a pan recién cocido...

a tierra mojada cuando cesa de llover...!!

Y huelo a sopa en la sopera.

Tenemos un sentido para conocer el olor de las cosas: EL OLFATO

EL OLFATO

El sentido del olfato

Un órgano relativamente sencillo comparado con los de la vista y el oído. Con decir que la zona receptora del olfato se halla en la mucosa de la parte superior de la cavidad nasal, esto es, junto al llamado *cornete superior*, y añadir que esta actividad olfatoria es recibida y transmitida por el *bulbo olfatorio* y sus derivados *centro y tracto del olfato*, queda prácticamente todo explicado. Observe que en dicha zona, —que nosotros destacamos en color azul—, hay una serie de ramificaciones nerviosas que provienen del bulbo olfatorio. Tenga en cuenta, por otra parte, que si bien esos receptores del olfato son extremadamente sensibles —reaccionan a la más mínima señal de olor— también ocurre que se saturan y, digamos, "se emborrachan" fácilmente, por lo que olores que se perciben inicialmente con mucha intensidad, no se sienten, como quien dice, al cabo de un rato de estar inmerso en ellos.

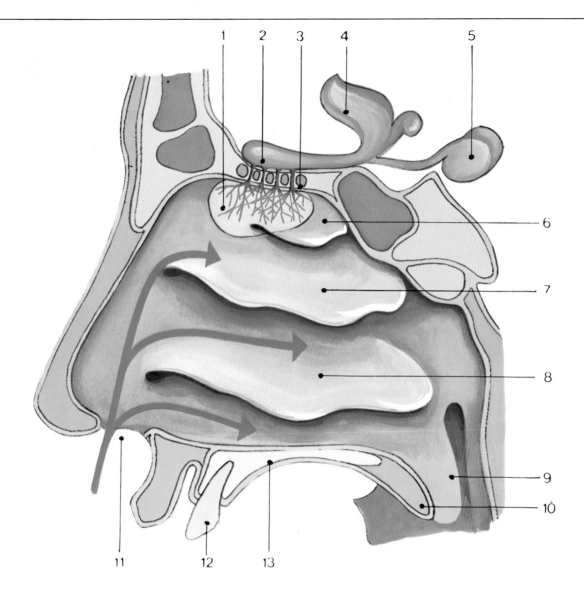

ORGANOS DEL OLFATO

1 Mucosa olfativa
2 Bulbo olfatorio
3 Lámina cribosa del etnoides
4 Centro del olfato
5 Centro del olfato
6 Cornete superior

7 Cornete medio
8 Cornete inferior
9 Faringe
10 Velo del paladar
11 Ventana de la nariz
12 Incisivo lateral
13 Apófisis maxilar

EL OLFATO

Aspirar y oler... y recordar.
Una vez y otra vez... una vez y otra vez.
Sintiendo y viviendo fragancias, olores, recuerdos:
a campo, a fruta, a flores, a niño, a mi niño.
Todo huele y todo vuelve con el olfato.

¡Sí, todo vuelve con el olfato!

Todos hemos experimentado el fenómeno de asociar un olor determinado a un hecho que sucedió en el pasado, de recordar a alguien por tal o cual olor, de volver a memorizar una situación dada, cuando surge un olor que impregnaba entonces el lugar en que ocurrió el hecho. El olor a salobre, a mar, por ejemplo, es perfectamente capaz de trasladarnos a aquello que sucedió justamente en la playa, junto al mar. El olfato es, en efecto, un sentido de asociaciones y remembranzas, capaz de alegrar o entristecer nuestra vida. Algo así como un sentido romántico.

Y sin embargo es un sentido inferior

En efecto; la fisiología humana considera el olfato como un sentido inferior. Se dice que es secundario porque en muchas ocasiones no responde o es poco sensible, unas veces porque la mucosa de un resfriado altera sus funciones, otras porque la polución atmosférica o los malos e intensos olores de la vida moderna (industrias, aguas contaminadas, escapes de automóviles, gasolina, etc.) saturan y atrofian el sentido del olfato hasta el extremo de eliminar la sensibilidad del mismo. Por estas y otras razones, efectivamente, el sentido del olfato no es imprescindible para el hombre. ¡En cambio para los animales...!

¡Fantástico el olfato de los animales!

A diferencia del hombre, el olfato de los animales es extraordinariamente sensible, básico e imprescindible para alimentarse, defenderse, orientarse e incluso aparejarse la hembra y el macho. Por el olfato muchos animales persiguen y cazan. Recordemos, sin más, la capacidad de los perros policía, amaestrados para encontrar droga ¡mediante el olfato! Por lo mismo, es comprensible que la subsistencia de muchos animales salvajes está condicionada por el olfato, ya que el olfato les guía y les conduce al animal que será su presa. El sentido del olfato orienta a los animales, hasta el extremo de alejarse varios kilómetros a través de campos y lugares desconocidos, y regresar al lugar del que partieron; caso éste que se ha dado en muchos perros y gatos cuyos dueños intentaron abandonarlos lejos de su casa. El olfato indica a los animales cuándo un alimento está en mal estado, qué hierbas o frutos no son comestibles, qué aguas no son potables. Por el olfato, en fin, la mayoría de animales reciben, a distancias considerables, la llamada de la hembra en celo.

Cuando el olfato no funciona

Hay casos o circunstancias en que el olfato humano pierde gran parte de su sensibilidad: unas veces es por saturación, otras por obstrucción. La primera de estas causas se produce cuando un olor muy intenso y continuado, embota la sensibilidad del olfato e impide sentir otros olores. La segunda tiene lugar cuando sobreviene un constipado y la mucosidad del resfriado invade las fosas nasales, impidiendo el funcionamiento del sentido del olfato. Hay que decir, sin embargo, que el olfato recibe de continuo la ayuda del sentido del gusto, de tal forma que éste compensa muchas veces, con su colaboración, las deficiencias de aquél.

El hombre está perdiendo gran parte de su capacidad olfativa. Para mantenerla es necesaria una alimentación más sana y una vida más próxima a la Naturaleza, ¡Es importante recuperar nuestro sentido del olfato!